Jharna

Hindi Poetry

Aqkay

Published By Galaxy Books

Copyright © 2016 Aqkay

All rights reserved.

ISBN: 0-9935428-7-5
ISBN-13: 978-0-9935428-7-9

ACKNOWLEDGMENTS

मैं उन सभी दोस्तों और मित्रों का तह दिल से आभारी हूं जिन्होंने इस पुस्तक को पूरा करने में मेरी मदद की. विशेष रूप से बहुत-बहुत धन्यवाद उन दोस्तों का जिन्होंने इस पुस्तक की एडिटिंग व प्रूफ़ रीडिंग में मदद कर के इस किताब को त्रुटियों से मुक्त किया.

झरना

हिन्दी कविता

*

अहमद क़ासिम

अहमद क़ासिम

- ग़ज़लें

झरना

अहमद क़ासिम

अपनों से बातें करता हूँ
ग़ैरों से बातें करता हूँ

धोखे में तेरे न जाने मैं
कितनों से बातें करता हूँ

चुप चुप हूँ उस बुत के आगे
औरों से बातें करता हूँ

झरना

आती है तेरी याद अगर
फूलों से बातें करता हूँ

जब तेरी आँखें याद आएँ
झीलों से बातें करता हूँ

कहने को पास नहीं कुछ भी
लोगों से बातें करता हूँ

अहमद क़ासिम

जब खाना हो एक ज़ख़्म नया

अपनों से बातें करता हूँ

हो पास न गर तो चाँद मेरे

किरणों से बातें करता हूँ

जब भी जाऊँ कोहसाअरों पर

झरनों से बातें करता हूँ

झरना

तन्हा हूँ पर इतना भी नहीं
दीवारों से बातें करता हूँ

घिर कर तूफ़ानों में क़ासिम
मौजों से बातें करता हूँ

अहमद क़ासिम

मिले जो ज़ीस्त में दो पल ख़ुशी के
अता कर्दा हैं क़ासिम यह उसी के

तेरे आने का इंतज़ार था वरना
ख़ाक में मिल जाते हम कभी के

न कर आह ओ फ़िग़ाँ ख़ामोश हो जा
नहीं रोने से घटते ग़म किसी के

झरना

बिल अख़िर यह भी कट जाएंगे इक दिन

जो बाक़ी हैं कठिन पल ज़िंदगी के

नशा इक मय का है इक ज़िंदगी का

वो पी के मस्त हैं हम मस्त जी के

❈

प्यार हो जाता है किया नहीं जाता

उनके बिना फिर जिया नहीं जाता

है वो खेल जो सबको है आता
इसका सबक़ दिया नहीं जाता

ऐसा करता है यह गरेबां चाक
सीते रहये पर सिया नहीं जाता

झरना

जीना पड़ता है क्योंकि जीना है
वरना यह ज़हर पिया नहीं जाता

दिल वो तोहफ़ा है जो कि जीते जी
दे के वापिस लिया नहीं जाता

अहमद क़ासिम

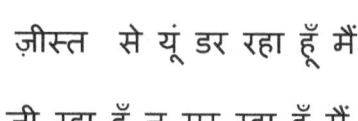

ज़ीस्त से यूं डर रहा हूँ मैं
जी रहा हूँ न मर रहा हूँ मैं

बात पहुंचेगी फिर जवानी तक
कुफ़्र का ज़िकर कर रहा हूँ मैं

आँख तुझ से मिली तो यूँ जाना
झील डल में उतर रहा हूँ मैं

क्यों उड़ाते हो ख़ाक तुम मेरी
ख़ुद इज़्ल से बिखर रहा हूँ मैं

जान जाती है जान जाने दो
आ भी जाओ कि मर रहा हूँ मैं

तो तस्व्वुर मैं है तो फिर क़ासिम
जान से क्यों गुज़र रहा हूँ मैं

अहमद क़ासिम

हमने सोचा था कि उनको भी हो जायेगा प्यार

वो भी तड़पेंगे हमारी तरह ढूंडेंगे क़रार

सुबह से शाम तक तरसेंगे मिलने के लिये

रात भर उनको भी रहेगा किसी का इंतज़ार

तूफ़ान उठेगा दिल में जब अकेले होंगे

लाख ढूंडेंगे मिलेगी न कोई राह-ए-फ़रार

वो तो मेरी तरह इतने नादान न थे
क्यों किया था किसी के वादे पे ऐतबार

लोग पूछेंगे हुआ क्या है इतने क्यों
लग रहे हैं आप सारी दुनिया से बेज़ार

दिल तो चाहेगा बता दूँ सब क़िस्सह-ए-ग़म
फिर ख़याल आयेगा कुछ कहना है बेकार

शायद उनको फिर इक भूली हुई याद आ जाए
आरही है लब पे मेरे यह दुआ बार बार

दिल लगाने की मिलती है ये सज़ा क़ासिम
क़ैद बन जाती है अपने ही घर की दीवार

अहमद क़ासिम

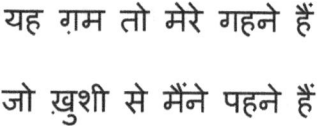

यह ग़म तो मेरे गहने हैं
जो ख़ुशी से मैंने पहने हैं

मैं अपने आँसू क्यों रोकूं
जो बहने हैं वो बहने हैं

जायेंगे कहाँ ग़म बेचारे
मेरे हैं दिल में रहने हैं

झरना

मत कीजिए दुनया का शिकवा

जब जीना है सितम सहने हैं

लो रात गई और बात गई

अब किसने फ़साने कहने हैं

अहमद क़ासिम

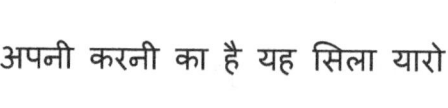

अपनी करनी का है यह सिला यारो

जग से करें क्या गिला यारो

आगया दाम में कोई तो आगया बस

इश्क़ कुछ ऐसी है बला यारो

जिस्को देखो है लालच का ग़ुलाम

सोचता हू उनको क्या मिला यारो

झरना

सुकून-ए-दिल के लिये लाज़िम है क़िनाअत
बहुत देर में यह उक़्दा खुला यारो

जिसने ख़ुदा बनने की कोशिश की
वो हमेशा ख़ाक में मिला यारो

हम को अल्लाह ने दिया बस तेरा ग़म
कौन जाने बुरा है या भला यारो

अहमद क़ासिम

क्या मिलेगा तुम को लोगों छेड़ के हम दीवानों को
छोड़ के सब कुछ इक दिन हम चलदेंगे वीरानों को

जब चल ही दिये फिर क्या मुड़ना क्यों वापसी का सोचें
घर हम को जब बनाना है सहराओं को ब्याबानों को

क्या फ़ायदा है इन यादों का जो बीतगएई वो बीतगएई
क्यों याद करें और रोएं उन गुज़रे हुए ज़मानों को

झरना

हंसना तो हम भूल गए अब रोना ही है क़िस्मत में
कौन सुनेगा अब इस टूटे हुए दिल की तानों को

जब उनकी याद आती है चुपके चुपके रो लेता हूं
कैसे भुला दूं अपने ग़म अपने दिल के अरमानों को

वक़्त बहुत ही थोड़ा है दिल भर के आओ अब मिल लें
शमा के बुझने से पहले जल मिटना है परवानों को

अहमद क़ासिम

भुलाता तो हूँ पर भूलता नहीं मैं
वो चुपके से मुझको बुलाना तुम्हारा

जो तड़पेगा दिल तो चले आओगे तुम
चलेगा न कोई बहाना तुम्हारा

रक़ीबों से करना हंस हंस के बातें
और प्यार मुझ से जताना तुम्हारा

झरना

अक़ल को सन्भालूँ तो दिल डूबता है
कैसे भुलादूं यहां से जाना तुम्हारा

न तुम आ रहे हो न नींद आ रही है
हमें मार देगा न आना तुम्हारा

अजब बन गई है हालत हमारी
हसाने लगा है रुलाना तुम्हारा

अहमद क़ासिम

शायर हूँ और न साहिर

मैं हूँ इक पगला दीवाना

जैसे धूप में दिया जले

या हो बिन शमा परवाना

जैसे फूल खिले जंगल में

या ख़ाली ख़ाली पैमाना

सावन की रिम झिम लगती है

तेरी ज़ुल्फ़ों का नज़राना

झरना

ऐसी नज़रों से न देखो
जो कर दें मुझे मस्ताना

यह सारी रौनक़ तेरी है
शहर हो या वीराना

तेरे बिन यह जग लगता है
इक बिन साग़र मैख़ाना

अहमद क़ासिम

जो सबब बन जाए तुझसे जुदाई का

कौन मुश्ताक़ हो भला उस रिहाई का

बड़ते जाते हैं ग़म उम्र के साथ

ऐ ख़ुदा क्या करूँ इस उम्र की लंबाई का

हाय ख़ुश फ़हमी कि बैठे हो तुम पास मेरे

हो न कहीं यह भी रुख़ मेरी तन्हाई का

झरना

नाम लेता न कोई मैं तेरे नाम के बाद

डर न होता जो तेरे नाम की रुस्वाई का

तो है सामने तो है क़ायम रिश्ता-ए-हयात

मार देता है तसव्वुर तेरी जुदाई का

हुसन- ए-क़ातिल से ही हो गया मक़तूल

कि था तलवार से कारी ज़ख़म रअनाई का

अहमद क़ासिम

❁

उन्हें और आए मेरा ख़्याल अल्लाह अल्लाह

है यह भी क़ुदरत का कमाल अल्लाह अल्लाह

तुझे क्या ख़बर तेरी फ़ुरक़त में जानाँ

हुआ है जो अब मेरा हाल अल्लाह अल्लाह

न तुम आ रहे हो न नींद आ रही है

यह है ख़ूब तुम्हारी चाल अल्लाह अल्लाह

झरना

मुहब्बत में कैसा मक़ाम आ गया है

है अब ज़िंदगी इक वबाल अल्लाह अल्लाह

मुझे सूझता ही नहीं क्या कहूँ में

कुछ ऐसा है उनका सवाल अल्लाह अल्लाह

रह-ए-ज़ीस्त में किसने लूटा है क़ासिम

नहीं उसका रंज व मलाल अल्लाह अल्लाह

अहमद क़ासिम

बुरा समझे या भला समझे

कोई तो मुझे दूसरा समझे

किया रुस्वा मुझे ख़ूब तूने

ऐ दिल तुझे ख़ुदा समझे

सफ़ीना-ए-दिल लूटा उसी ने

जिसे थे हम नाख़ुदा समझे

क़ुर्बान ऐसी ख़ुश फ़हमयों पर

हम उनको भी अपना समझे

झरना

जहां मैं कौन हे जो
मेरे दिल की सदा समझे

भुलादूँ मैं और उनको
क्यों मुझे वो ऐसा समझे

मिला वो अजनबी की तरह
जिसे भी हम आशना समझे

बसा है जिस दिल में तो
वो तुझे कैसे बेवफ़ा समझे

साहबो दिल आज बेक़ाबू है पहले की तरह
बहते पानी की तरह और गिरते झरने की तरह

जो ज़बां से कहना चाहा वो मेरे दिल में रहा
एक टूटे तार में पोशीदा नग़मे की तरह

पुरसुकूं रहता है तेरे सामने लेकिन यह दिल
डोलता है बहर के तुफ़ान में बजरे की तरह

झरना

रात को ऐसे नज़र आती है हम को कहकशां

फूल जैसे उस कलाई पर हूँ गजरे की तरह

दश्त-व-बन में लेगई मुझे जुस्तजू-ए-यार

मेरे चेहरे पर सजी है ख़ाक गहने की तरह

अहमद क़ासिम

तोबह जो कर रहे हैं किसी की वफ़ा से हम
शायद कि आश्ना नहीं जोर-व-जफ़ा से हम

वो शख़्स मांगता है दुआ ग़ैर के लिये
लेकिन उसी को मांग रहे हैं ख़ुदा से हम

है दर्द का इलाज उसी चारागर के पास
अच्छे न हो सकेंगे किसी की दवा से हम

झरना

फैला रहे हैं हाथ सितमगर के सामने

फिर क्यों कहें कि हैं बेहतर गदा से हम

ऐसा डरा दिया है मुहब्बत के खेल ने

बच के रहेंगे अब ऐसी बला से हम

अहमद क़ासिम

रूप और रंग मुनफ़रिद सब से
तेरा अन्दाज़ ख़ुद नुमाई है

तूने पैदा किया था क्यों मुझको
क्यों यह उल्फ़त की राह दिखाई है

उसने होश-ओ ख़िरद जला डाले
आग सीने में जो लगाई है

नाम लब पर उसी का आता है
मैं ने की जब भी लब कुशाई है

झरना

उस की बदनामी के डर से
मैं ने होंठों पर मुहर लगाई है

उम्र भर सोचने के बाद यही
बात इतनी समझ में आई है

तूने शायद उसी हसीं के लिये
यह बिसात-ए-जहाँ बिछाई है

अहमद क़ासिम

कह गये आप जो कुछ बताए बग़ैर
हम भी सुनते रहे हैं सुनाए बग़ैर

बात ऐसी थी कि लब भी न हिले
फिर भी कह दी है नज़रें मिलाए बग़ैर

झरना

ज़िंदगी का चलो इतना मसरफ़ तो हुआ

कैसे मरता यह दिल तुझ पे आए बग़ैर

वो ज़रा देर को आए थे बज़्म में

जा रहे हैं लेकिन कुछ बताए बग़ैर

हाल-ए-दिल उनको सुनाएं कैसे
दोस्तो बात बनाएं कैसे

कैसी बे ख़ुवाबी सी बे ख़ुवाबी है
नींद अब आंखों में लाएं कैसे

बस तेरी याद ने ज़िनदा रखा है
बे वफ़ा तुझको भुलाएं कैसे

हाल-ए-दिल पूछ रहे हो मेरा
ज़ख़्म हम दिल के दिखाएं कैसे

झरना

नाज़ है उस को वफ़ा पर अपनी
बे वफ़ा कह के सताऐं कैसे

हम ने तो चुप की क़सम खाई थी
अब भला उन को बुलाएं कैसे

वो नज़र आएँ तो पिर क़ासिम
दिल-ए-नादाँ को बचाएं कैसे

अहमद क़ासिम

ज़िंदगी क्या है कोई बतलाए

राज़-ए-हस्ती मुझे भी समझाए

यह बनी काएनात किस के लिये

बात मेरी समझ में कब आए

लुत्फ़ क्या ख़ाक आए जीने में

लुत्फ़ जब है कोई अपनाए

झरना

हो जो ज़िनदा और न श्रमिंदा

कोई ऐसा भी यहां नज़र आए

हम तड़पते हैं दूर से क़ासिम

काश कोई क़रीब बुलवाए

उस सितमगर को हम भुला न सके
बस यह ग़म है कि ग़म छुपा न सके

कोई तो बात थी न आए आप
और बहाना भी कुछ बना न सके

अक़्ल और होश खोदिये हैं कहाँ
ज़िंदगी भर यह सुराग़ पा न सके

उसके आने से आगई है बहार
चारा कीजिए के अब जा न सके

हम ने चाहा था सिरफ़ कुरब तेरा
तुझको अपना मगर बना न सके

अहमद क़ासिम

मेरे सपनों में आ रहा है कौन
अपने जलवे दिखा रहा है कौन

आज तो चाँद भी नहीं निकला
याद तेरी दिला रहा है कौन

अहले दुनया ने ग़म भुला डाले
ऐसी बातें बना रहा है कौन

झरना

दिल की दुनया पे छा गया है नूर
दीप इतने जला रहा है कौन

होती जाती है इक अयां सूरत
ऐसे परदे हटा रहा है कौन

तेरे कूचे में ख़ुद फ़ना होकर
नाम इतना कमा रहा है कौन

अहमद क़ासिम

ऐसा वक़्त ने मुंह फेरा है

हर जानिब ग़म ने घेरा है

कहां हूं मैं नहीं मुझको है ख़बर

दोपहर है शाम है या सवेरा है

उसको तुम इल्ज़ाम न देना

हरजाई है पर मेरा है

झरना

और निशाँ हो किसका उस पर

दिल में नक़्श फ़क़त तेरा है

ख़ुशी पास भी नहीं आती क़ासिम

उस के ग़म ने यूं घेरा है

अहमद क़ासिम

कोई बतलाए ज़िंदगी क्या है

क्या ख़ुदाई है बनदगी क्या है

यह तमाशा है क्या ज़माने का

मुझ पे तारी यह बेख़ुदी क्या है

आरज़ू कोई न हुई पूरी

और जो मिल गयी बुरी क्या है

कौन जीता है तेरे आने तक

मेरी अब उम्र ही रही क्या है

झरना

मांगा जो वक़्त-ए-मुलाक़ात तो बोले
है क़यामत दूर तुझे जल्दी क्या है

हाल-ए-दिल पूछते हैं वो मुझसे
हाय अन्दाज़-ए-आगही क्या है

खुलगया एक आलम-ए-इस्रार
सामने शेर के वही क्या है

अहमद क़ासिम

मुद्दआ नहीं है कुछ और गीत गाने का
यह तो इक बहाना है आपको बुलाने का

गो कि भूल जाने के कर लिये जतन हज़ार
और क्या करूँ हीलह तुम्को भूलजाने का

आप भी तो मिल आए उस हसीं काफ़िर से
चारह कीजिए जल्दी अपने दिल को बचाने का

झरना

उसने वादा तो कर लिया पर कभी न आये गा

यह तो इक तरीक़ा है बस मुझे सताने का

बस रहा है इस दिल में कौन मुद्दत से

राज़ यह नहीं कोई ग़ैर को बताने का

अहमद क़ासिम

भला रुक गए आप क्यों आते आते
हमें मार डाला सताते सताते

वो शायद इसी बात के मुनतज़िर हैं
कि मर जाएंगे हम बुलाते बुलाते

तेरे सामने बात कैसे बनेगी
बिगड़ने लगी है बनाते बनाते

करें दूर शायद अंधेरा ग़मों का
यह दीप आंसुओं के जलाते जलाते

झरना

ज़रा हम पे इतना करम तो कीजिएगा

मेरी जान लेजाये जाते जाते

मुक़दर क़यामत को जागे तो जागे

बहुत थक गए हम जगाते जगाते

वो क़ातिल तो हैं ज़ालिम नहीं हैं

किया क़त्ल हम को हंसाते-हंसाते

❁

सज रही है यह महफ़िल किसी के लिये
फिर तड़पने लगा है दिल किसी के लिये

कोई आएगा गुलश्न में फिर सर-ए-शाम
गा रही है यह बुलबुल किसी के लिये

चांद शरमा के क्यों बादलों में छुपा
हे यह तारों की झिलमिल किसी के लिये

झरना

वो जो हैं बेचैन तो हम भी हैं बेताब

बेक़रारी है मेरी हरपल किसी के लिये

किस के आने पर महफ़िल में आई है बहार

बाग़ में हे मौसम-ए-गुल किसी लिये

कौन छोड़े गा मौजों से खेलना अब

सामने है क्यों फिर साहिल किसी के लिये

अहमद क़ासिम

वो तो आजाते पर हम से ही बुलाया न गया
सिलसिलह प्यार का यूँ हमसे बढ़ाया न गया

रात भर रक़्सकुनां था तेरा यह परवाना
हो गई सुबह मगर क्यों यह जलाया न गया

ग़ैर के पास तो जाते रहे किस चाहत से
इस बीमार-ए-मुहब्बत के पास आया न गया

झरना

पी के मदहोश पड़े थे सभी इस महफ़िल में
सिर्फ़ हम ही थे जिसे नज़रों से पिलाया न गया

वो जो सुनता तो उसको मेरी याद आजाती
जान-ए-महफ़िल को मेरा गीत सुनाया न गया

दीवाना वार फिरता हूं फ़सल-ए-बहार में
शायद वो मुझको देखले इस हाल-ए-ज़ार में

हर गुल पे होरहा है गुमाँ आप का मुझे
क्या काम है वरनह अपना चमन-ज़ार में

आने पे तेरे लगगये फिर वक़्त को पर
वो भी रुका हुआ था तेरे इंतज़ार में

मुझ पर सितम करैं कि वो नज़र-ए-करम करें
आता है क्या अब देखये मिज़ाज-ए-यार में

झरना

न करेंगे हम अब कभी सौदा-ए-दिल

गोया जनून ही सूद है इस कारोबार में

ठहर ज़रा इतना न तड़प कुछ तो दम ले

रहेगा भला कैसे कोई तुझ दिल-ए-बेक़रार में

बज़्म-ए-तरब में हज़रत-ए क़ासिम का किया काम

तुम को मिलेंगे वो किसी उजड़े दयार में

अहमद क़ासिम

हो दाग़ दिल पर गर धोया न जाए है
जो मिल गया उसे खोया न जाए है

हूँ आतिश-ए-इश्क़ से में सोख़तह मगर
तेरा भी हाल मुझ से देखा न जाए है

नज़रें मिला के तुमसे करें और पर नज़र
ऐसा तरीक़ हमसे सीखा न जाए है

तूफ़ान-ए-इश्क है कि यह तूफ़ान-ए-नूह है
अब और हिज्र-ए-यार मैं रोया न जाए है

दीवाना करदिया सभी अहल-ए-चमन को बस
बीज अब जुनून का मुझसे बोया न जाए है

जब से लड़ी है आँख किसी महजबीन से
रातों को अब चैन से सोया न जाए है

अहमद क़ासिम

ऐ ज़िंदगी बता तुझे लायें कहां से हम

उस बुत का पता पूछें किस ज़बां से हम

तेरे बग़ैर हम पर अजब है उफ़्ताद आ पड़ी

पहुंचे वहीं पर हम कि चले थे जहां से हम

उनका और गुलों का रंग एक ही तो है

उस गुल की ख़ैर मांग रहे हैं ख़िज़ां से हम

या रब जो दिल का हाल है उस पर न हो अयां

कैसे बचेंगे दोस्तो इस इम्तेहान से हम

ग़म के बग़ैर आप के दिल में बचे गा क्या
मानूस इस क़दर हो गये इस महमान से हम

करते नहीं हैं उफ़ भी हम इस ख़याल से
बदनाम कर न दें तुझे आह-ओ-फ़ग़ां से हम

इक बार बुतकदे में मिले दाख़ले की राह
काफ़िर हूँ जाके वापस आएं गर वहाँ से हम

अहमद क़ासिम

ऐ दिल तू बता कैसे सब्र होगा
वरना रुसवा वो बेख़बर होगा

देख कर मोहनी सी सूरत को
कोई बेताब हर पहर होगा

हम फ़क़ीरों को भूल जा वरना
तेरा चर्चा शहर शहर होगा

हाथ आया जो कभी तीशह-ए-फ़रहाद
अश्क सहरा में नहर नहर होगा

झरना

होगा हश्र बपा बनेगा मक़तल
रुख़ यह तेरा जिधर जिधर होगा

वो मसीहा हुए तो फिर क़ासिम
उनका तरयाक़ भी ज़हर होगा

अहमद क़ासिम

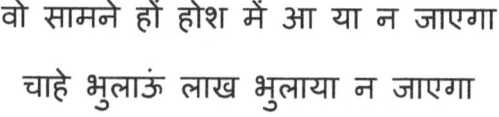

वो सामने हों होश में आ या न जाएगा
चाहे भुलाऊं लाख भुलाया न जाएगा

तुझ को बना के खाई गई थी यह क़सम
बुत ऐसा कोई और अब बनाया न जाएगा

उनको रुख़ से नक़ाब हटाने तो दो ज़रा
शब भर एक दीया भी जलाया न जाएगा

देखा जो शौक़ मेरा तो उसने कहा कि अब
मक़तल में सिरफरों को बुलाया न जाएगा

बस एक आह जो अह्ल-ए चमन सुनें
बुलबुल से अपना गीत सुनाया न जाएगा

अहमद क़ासिम

इतने अच्छे लोगों में बस में एक बुरा हूँ
सबके गलों में सुर हैं एक में ही बेसुरा हूँ

सच्चे हैं आप सारे हूँ में ही एक झूटा
शैतान हूँ न फ़रिश्ता खोटा हूँ न खरा हूँ

जाओ जाके अपनी अज़मत के बुत को पूजो
मेरे पास भी न आओ मैं तो बहुत बुरा हूँ

एक रोज़ ख़ुद में झांका था में ने योंही
क्या बताऊँ तुमको कितना मैं ख़ुद से डरा हूँ

झरना

इस से ज़्यादा क्या दूं और ज़िंदगी की क़ीमत
में हर रोज़ जी रहा हूँ हर रोज़ मर रहा हूं

बातें हमारी सुनकर सब हंस रहे हैं क़ासिम
शायद नज़र में उनकी में एक मसख़रा हूँ

अहमद क़ासिम

रहें शब भर भला बेदार कबतक
न जाने हो उनका दीदार कबतक

तड़पते हैं के जैसे मुरग़-ए-बिस्मिल
जाने आयेगा अपना यार कबतक

न जाने कितने दिन की है मुशक़्क़त
है ये ज़ीस्त की बैगार कबतक

चले जाते हो यूं ही मुस्करा कर
सताओगे मुझे दिलदार कबतक

झरना

अभी तो आप से नज़रें मिली हैं
रहेंगे अब आप बेज़ार कबतक

मांगे के थे जो थे ख़ुशी के पल
चुकाएंगे हम उनका उधार कबतक

औरों से तो कोई गिला नहीं क़ासिम
रहिए अब ख़ुद से ख़बरदार कबतक

अहमद क़ासिम

इतना भी न अब इनकार कीजिए
हाज़िर है दिल वार कीजिए

जान ही थी शुक्रिया कैसा
मुझको न यूं गुनहगार कीजिए

हो करम या सितम है तो आपका
रोकता है कौन बार बार कीजिए

बहाने वअज़ के करते हैं दीदार
किया कराया न सब बेकार कीजिए

हंसते हैं सब मेरा हाल देख कर
ऐसा न किसी से प्यार कीजिए

चलदिये तो फिर यह तास्सुफ़ कैसा
जीत को भला क्यों हार कीजिए

आए जो क़ब्र पर तो बोले
सोता है इसे बेदार कीजिए

अहमद क़ासिम

ऐसे वीरानह में सदा कौन करे
तेरे जादू से रिहा कौन करे

तस्ववुर से ही उनके हे इतना सकूँ
फिर चारा मिलने का भला कौन करे

छुपा बैठा है हर दिल में वो
ऐसे हरजाई से वफ़ा कौन करे

होगये लो वो फिर मुझसे ख़फ़ा
शाम होने की दुआ कौन करे

झरना

ख़याल करना न मेरी ख़स्ता हाली का
फ़िक्र अप्नी तूही बता कौन करे

दो नहीं वो और मैं जब क़ासिम
ख़ुद को ख़ुद से जुदा कौन करे

अहमद क़ासिम

गुज़र जाती है जब रात टहल के
क्या मिलेगा अब इस दिल को बहल के

कितने ख़ुश ख़ुश बसे हैं मेरे दिल में
कहां जाएंगे ग़म यहाँसे निकल के

बुलाते गर वो बराये क़त्ल भी मुझे
मैं जाता वहाँ सर के बल चल के

झरना

चलो इक बार फिर उसी महफ़िल में
कह रहा है ये दिल मचल मचल के

न थी यूँ ही हिलाल-ए-नौ को जल्दी
पहुंचना था उसे तेरी महफ़िल में ढल के

अहमद क़ासिम

साया वुजूद का नहीं मिलता जहाँ मुझे

अये जुनून-ए-इश्क़ तू है लाया कहाँ मुझे

सुनते हैं चमन में फिर लुटेंगे दिल

क्यों लेके जारहा है यहाँ से वहाँ मुझे

भूले से भी उनको होगा नहीं जो याद

क्यों भूलता नहीं है कभी वो समां मुझे

होगा न तेरे सिवा कोई और भी वहां

ऐसा ही इक बसाना है अपना जहाँ मुझे

हो सामना और कह ना सकूं अपना मुद्दआ

ऐसी मिली है क्यों गूंगी ज़बां मुझे

जान लेके ही ठहरेगा अब्र-ए-ग़म

मंज़िल पर ख़ुद पहुंचा देगा यह कारवां मुझे

ख़ामोशी पे मेरी अब वो होते नहीं ख़फ़ा

ख़ूब रास आ गया है यह अंदाज़-ए-बयां मुझे

मिलते हैं नेक सूरत इंसान कैसे कैसे
उनमें छुपे हुएहैं शैतान कैसे कैसे

बेहतर है ज़िक्र उनका छेड़ो न अन्जुमन में
उन पर लगेंगे वरना बुह्तान कैसे कैसे

ये कह्कशां है यारो दरासल उनका रास्ता
रोशन उनके क़दमों के हैं निशां कैसे कैसे

अगर मिट गया में तो फिर क्या हुआ
मिटाए तेरी निगाह ने जहां कैसे कैसे

झरना

तुरबत पे मरी आ कर कहने लगा सितमगर
मिलने के कर रहे हो सामान कैसे कैसे

सद आफ़रीन हे इसके ज़बत पर क़ासिम
देखता है रंग आसमां कैसे कैसे

अहमद क़ासिम

फिर क्यों वो याद आये है
जो खो दिया उसे कौन पाए है

तुझ से तो तेरा ख़याल है बेहतर
आ के वापस कभी न जाए है

है क्या क़रीब ही कहीं वो
महक सी ये क्यों आये है

लोग समझे कि नग़मा-ए-गुल है
क्या बताऊँ कि यह मेरी हाय है

झरना

जिस की हर तान दिल के पार हुई
गीत ऐसा यह कौन गाये है

आये हो चले जाओगे फिर तुम
क़ासिम यह ख़ियाल बहुत रुलाए है

अहमद क़ासिम

सुनते सुनते कथा तुम्हारी कट गई सारी रात

कौन करेगा मुझ पे यक़ीन जो सुनेगा मेरी बात

बन में घूमा शहर फिरा और देखे हैं देहात

कौन मिला है तेरे जैसा जन्नत की सौगात

मुझे लगे है यह जीवन इक लंबी सी बेगार

इस जीवन में इक पल गर तो हो न मेरे साथ

नगरी नगरी गाता जाऊं देखूँ दिन न रात

फ़िक्र किसे है जो है बैठा वक़्त लगाये घात

झरना

मेरी नय्या बिन खवय्या डगमग डगमग डोले

अब यह पार लगे या डूबे हाथ में तेरा हाथ

टुक टुक तुमको हरदम देखूँ बिछड़ा जो तू पलभी

अश्कों से बरसा दूंगा बिन बादल बरसात

चनदन मुखड़ा यूं ही दमके दिन बीतें और साल

तेरी उमरीया इतनी हो इस बन में जितने पात

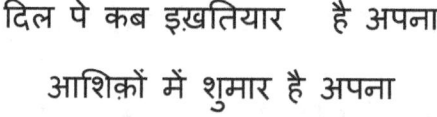

दिल पे कब इख़तियार है अपना
आशिक़ों में शुमार है अपना

मर के मारा है गैर को ऐसे
उसकी गली में मज़ार है अपना

शौक़ से सुन रहा हूँ क़िस्सह-ए-ग़म
ज़िक्र इस में बार बार है अपना

झरना

ग़ैर की शक्ल-ए-ख़िज़्र पर न जा
रिन्द परहेज़गार है अपना

फ़ख़र है अपनी ख़स्तह हाली पर
देख लो अब यह हाल है अपना

अहमद क़ासिम

मिले जो वो इक दिन गुज़रते गुज़रते
बढ़ी आतिश-ए-ग़म सुलगते सुलगते

है शरमिनदगी सख़्तजानी पे अप्नी
निकल जायगी जाँ निकलते निकलते

ख़ुदा रा न दो मुझ को झूठी तसल्ली
बहल जाएगा दिल बहलते बहलते

सुनाओ ज़रा उनको मेरा क़िस्सह-ए-ग़म
पिघल जाएगा वो पिघलते पिघलते

झरना

मैं दिल को संभालूँ कि जां को संभालूँ
वो चलदेगा मेरे संभलते संभलते

सर-ए-शाम आने का वादा किया था
ढलता क्यों नहीं दिन ढलते ढलते

अहमद क़ासिम

- नज़में

तरक़्क़ी

घूम आए अमेरिका जापान और चीन
तरक़्क़ी क्यों नहीं करते थे जो ज़खीन
कल बजाते थे भैंस के आगे बीन
अब करते हैं गिटार पर एक दो तीन

अहमद क़ासिम

अब क्या होगा

मुर्ग़ी छोड़ी गोश्त भी छोड़ा

अंडे और मक्खन से मुंह मोड़ा

फिर भी हो सका न अपना गुज़ारा

जनता का है एक ही नारा

अब क्या होगा, अब क्या होगा

झरना

बिजली गई और बिजली आई

गैस पर हो गई ख़त्म कमाई

पेट्रोल महंगा हो गया दोबारा

जनता का है एक ही नारा

अब क्या होगा, अब क्या होगा

शोबदा गरों की ख़ुब है चांदी

दौलत है उनके घर की बांदी

मरता है ग़रीब बेचारा

जनता का है एक ही नारा

अब क्या होगा, अब क्या होगा

अहमद क़ासिम

बच्चों की ख़ूब है शामत आई

प्राईमरी तक है सख़्त पढ़ाई

बाद में होगा नक़ल पे सहारा

जनता का है एक ही नारा

अब क्या होगा, अब क्या होगा

इधर धमाका उधर धमाका

हर नुक्कड पर है पुलिस का नाका

जंग का लगता है नज़ारा

जनता का है एक ही नारा

अब क्या होगा, अब क्या होगा

अब क्या होगा, अब क्या होगा

अब क्या होगा, अब क्या होगा

झरना

सुनो बज रहा है कहीं जलतरंग
फ़िज़ाओं में फैले शफ़क़ के सब रंग
यह फ़ितरत के मनज़र ये क़ुदरत के ढंग
जिन्हें देख कर होजाए अक़्ल दंग
बग़ैर रुके यहां से मुमकिन नहीं गुज़रना है
देखो वो सामने झरना है

झरना

ज़रा आके झरने की देखो रवानी
कि जिस सिमत देखें नज़र आए पानी
मचलती हुई कोई चंचल जवानी
यह सब्ज़ा कि जैसे हो क़ालीन धानी
शोर इतना कि मुशकिल बात करना है
देखो वो सामने झरना है

अहमद क़ासिम

यह पानी की कैसी फवार आ रही है
मुसलसल और बार बार आ रही है
नए मोतीयों की क़तार आ रही है
चमक जिस की मिस्ल-ए-शरार आ रही है
नामुमकिन अब दिल का भरना है
देखो वो सामने झरना है

धुनद पानी से बनी जैसे धुआं
होता बूंदों पर तारों का गुमां
और तो और धनक भी हे फ़िरोज़ां
कैसा अजब उसने बांधा है समां
क़ाबिल-ए-दीद मौजों का बिफरना है
देखो वो सामने झरना है

फवार मैं हैं पौदे रक़्स कुनां
धोते मुंह फूल नहीं थकते यहाँ
पत्ते पानी मैं जैसे हूँ किशतयां
बहते जाते हैं बस यहां से वहां
जाओ हम को तो यहाँ टहरना है
देखो वो सामने झरना है

अहमद क़ासिम

मेरा शेर नहीं है बराये फ़रोख़त

मैं बेचूंगा अपनी तख़लीक़ यह क्यों सोचा तुमने
क्या है यह लूट का माल जो यूं है दबोचा तुमने

तुमने लोगों को जिस्म बेचने पर मजबूर किया
तुमने हर मज़दूर को मज़दूरी के लालच में चूर किया

तुमने हर ऐश ख़रीदा है पैसे देकर
सोचते हो जला दोगे तुम मेरे ख़याल के पर

क्या तुम मेरे एक शेर की क़ीमत दे सकते हो
किसी मां की ममता का सिलह दे सकते हो

या प्लास्टिक की गुड़िया को हया दे सकते हो
सिरफ़ इतना तो बता दो मुझे क्या दे सकते हो

मैंने दी अपने हसीं ख़ियालों को इज़न-ए-परवाज़
दिया उन्हें अपना लहू बताया ज़िन्दगी का हर राज़

अहमद क़ासिम

चमन के ख़ुश रंग गलों से ख़ुशबू हासिल की
और एक मासूम से हसीं चेहरे से हया ले ली

बड़े जतनों से किया हासिल रंग-ए-काएनात
पलभर को भी सोया न किसी दिन न कोई रात

बिल आख़िर इन तमाम चीज़ों के हम आहुनगी से
जैसे कोई मधुर नग़मा निकले सरंगी से

झरना

आहिस्तह आहिस्तह जैसे चले बाद-ए-सबा
मेरा एक शेर बड़ी मुश्किल से तख़लीक़ हुआ

तुम कहते हो तुम उन शेरों की क़ीमत दोगे
जाओ सोचो वरना अपनी कम अक़्ली पे रोदोगे

अहमद क़ासिम

- गेट

झरना

अहमद क़ासिम

तुझ सा दीवाना

तुझ सा दीवाना
देखा न तुझ सा दीवाना
तोड़ दिया पैमाना
तूने तो तोड़ दिया पैमाना

ज़रा इधर तो देखो

फिर चले तुम जाना

ज़रा इधर तो देखो

फिर चले तुम जाना

मेरे जज़बों से न खेलो

ख़वाबों में अब न आना

तुझ सा दीवाना

देखा न तुझ सा दीवाना

अहमद क़ासिम

कुछ बोल तुम भी बोलो

करो न कोई बहाना

कुछ बोल तुम भी बोलो

करो न कोई बहाना

लब ज़रा तो खोलो

गाओ गीत वो पुराना

तुझ सा दीवाना

देखा न तुझ सा दीवाना

झरना

नज़रों से ही मुझ को छूलो

मुझे हाथ न लगाना

नज़रों से ही मुझ को छूलो

मुझे हाथ न लगाना

ऐसे न मुझ को देखो

करो न शिकवा पुराना

तुझ सा दीवाना

देखा न तुझ सा दीवाना

तुझ सा दीवाना

देखा न तुझ सा दीवाना

अहमद क़ासिम

मलि जो ज़ीस्त में दो पल ख़ुशी के
अता कर्दा हैं क़ासमि यह उसी के

न कर आह ओ फ़ग़ाँ ख़ामोश हो जा
नहीं रोने से घटते ग़म कसिी के

नशा इक मय का है इक ज़निद्गी का
वो पी के मस्त हैं हम मस्त जी के

☆ अहमद कासमि

झरना

ABOUT THE AUTHOR

Aqkay lives in Wallington, London, U.K. He enjoys writing poetry, Children's stories and short stories. He has written 3 poetry books. "Echoes" a collection of poems, "Jharna" Hind/Urdu poetry book and "Sing and Play" a collection of poems with pictures for children aged 5-10 . He has also written a science fiction "The Boss" and 3 story books, "Jungle Olympics-800 Metres Sprint" , "Jungle Olympics-Wrestling Free Style" and "Jungle Olympics-Cricket" of the Jungle Olympics series for children aged 5-10.

www.ingramcontent.com/pod-product-compliance
Lightning Source LLC
Chambersburg PA
CBHW070631300426
44113CB00010B/1733
* 9 7 8 0 9 9 3 5 4 2 8 7 9 *